Bibliografische Information der Deutschen Nationalbibliothek:

Die Deutsche Bibliothek verzeichnet diese Publikation in der Deutschen National-
bibliografie; detaillierte bibliografische Daten sind im Internet über http://dnb.d-
nb.de/ abrufbar.

Impressum:

Copyright © 2016 GRIN Verlag, Open Publishing GmbH
Druck und Bindung: Books on Demand GmbH, Norderstedt Germany
ISBN: 9783668326071

Dieses Buch bei GRIN:

http://www.grin.com/de/e-book/342279/fitnesstrainer-b-lizenz-aufstellung-und-
durchfuehrung-eines-trainingsplans

Vicky Mpampakou

Fitnesstrainer B-Lizenz. Aufstellung und Durchführung eines Trainingsplans

GRIN Verlag

BSA-Akademie

Hausarbeit

Version Lehrbrief: **02.015.000**

Thema: **Fitnesstrainer B-Lizenz**

Inhaltsverzeichnis

1. Diagnose

Kunde: Frau Stern

Alter: 29

Geschlecht: weiblich

Größe: 1,57 m

Gewicht: 49 kg

Biometrische Daten:

Tab.1

BMI	Norm	Bewertung
19,87	18,5-24,9	BMI der Kundin befindet sich im unteren Normbereich, kein Übergewicht

Tab.2

Ruhepuls	Norm	Bewertung
66 Schläge pro Minute	60-80 Schläge pro Minute	Puls liegt im Normbereich

Tab.3

Blutdruck	Norm	Bewertung
116/75mmHg	120/80mmHg	Blutdruck liegt im Normbereich

Tab.4

Körperfettanteil	Norm	Bewertung
23%	20-30% bei Frauen bis 35 Jahre	Körperfettanteil der Kundin liegt im Normbereich

Sonstige Angaben:

Frau Stern treibt bereits seit einem Jahr Volleyball im Verein .
Sie geht 2-3-mal pro Woche ins Fitnessstudio, 2-3-mal pro Woche ein gerätegestütztes Krafttraining

Gesundheitliche Einschränkungen sind nicht bekannt.

Sie arbeitet an der Kasse eines Supermarktes.

Sie möchte mit dem Fitnesstraining vor allem ihre Figur formen und an Oberschenkeln und Po eine Festigung des Gewebes sowie eine Fettreduktion erreichen.

Frau Stern hat ca. 3 mal wöchentlich 2 Stunden für Sport zur Verfügung

2. Zielsetzung

Grobziele

Wie bereits im Eingangsgespräch und bei der Diagnose dargelegt, möchte Frau Stern ihre Figur formen, sowie an Po und Oberschenkeln das Gewebe straffen und eine Fett- bzw. Gewichtsreduktion erreichen.

In Anbetracht der Diagnose steht den gewünschten Zielen der Kundin nichts entgegen, insbesondere bestehen keine Bedenken aus gesundheitlichen Gründen, ein Fitnesstraining zur Erreichung ihrer Ziele durchzuführen.

Die Gewichtsreduktion sollte sich auf ein Mindestmaß beschränken, da ihr BMI bereits an der Untergrenze des Normbereichs liegt. Da durch das Fitnesstraining Muskelmasse aufgebaut wird und diese mehr wiegt als Fett, ist eine vorläufige Gewichtszunahme nicht auszuschließen. Langfristig wird jedoch durch zunehmendes Ausdauertraining in Kombination mit einer Ernährungsumstellung, eine überwiegende Fettreduktion angestrebt, die eine Gewichtsabnahme zulässt.

Ergänzend wird ein Beweglichkeitstraining empfohlen, um die festgestellten Defizite zu beheben.

Die Grobziele lassen sich demnach folgendermaßen angeben:

- Gewichtsreduktion um 2 Kilo in 6 Monaten

- Reduzierung der Beweglichkeitsdefizite auf 0 Grad in 6 Monaten

Feinziele

1. Inhalt: Gewichtsredukti
Ausmaß: Gewichtsreduktion um 3 Kilo
Zeit: Gewichtsreduktion um 2 Kilo in 6 Wochen

2. Inhalt: Reduzierung der Beweglichkeitsdefizite in der verkürzten Muskulatur
Ausmaß: Reduzierung   der   Beweglichkeitsdefizite   der   Kniestreck-   und Hüftbeugemuskulatur um 2-3 Grad
Zeit: Reduzierung der Beweglichkeitsdefizite in der o.g. Muskulatur um 2-3 Grad in 6 Wochen

Begründungen
Zunächst wird auf das Trainingsziel Körperformung und Gewebestraffung eingegangen.

Eine Körperformung bzw. eine Gewebestraffung ist nicht wirklich eine messbare Größe.

Ein Teil oder Feinzielformulierung wäre hier nur schwer möglich.
Sicher könnte man beispielsweise bei einem Bodybuilder den Bizepsumfang messen und sein Wachstum überprüfen, jedoch ist dies hier nicht angebracht, da das erklärte Ziel keine Umfangszunahme ist.

Durch das empfohlene Trainingsprogramm wird an bestimmten Stellen eine Muskelmassenzunahme erreicht, die mit einer Gewebestraffung einhergeht.

Ein gleichzeitiges Ausdauertraining mit dem Ziel das Unterhautfettgewebe zu reduzieren, würde sichtbar zu den gewünschten Zielen der Körperformung und der Gewebestraffung beitragen.

Die Gewichtsreduktion wird ebenso durch ein zusätzlich durchgeführtes Ausdauertraining mit dem Ziel der Fettverbrennung erfolgen.

Das Beweglichkeitstraining in Form von speziellen Dehnübungen für die Muskulatur ergänzt den Trainingsplan und soll die gewünschte Beweglichkeit wiederherstellen.

Vielmehr soll das spezielle Ausdauertraining aus Zeitgründen nicht am gleichen Tag wie das Kraft- und Beweglichkeitstraining durchgeführt werden.

3. Trainingsplanung

Makrozyklus

Tab. 6

	Mesozyklus I Hypertrophie ILB-Test: 14 WH	Mesozyklus II Kraftausdauer ILB-Test: 25 WH	Mesozyklus III Hypertrophie ILB-Test: 10 WH	Mesozyklus IV Kraftausdauer ILB-Test: 20 WH
Leistungsstufe	Geübte	Geübte	Geübte	Geübte
Dauer	6 Wochen	6 Wochen	6 Wochen	6 Wochen
Trainingssystem	GK	GK	GK	GK
Häufigkeit pro Woche	2	2	2	2
Übungen pro Muskel	1 – 2	2	2	2
Sätze pro Übung	2	2	2	2
Intensität	60-80 % ILB	60-80 % ILB	60-80 % ILB	60-80 % ILB
Wiederholungen	14	25	10	20
Satzpausen	90 sek.	60 sek.	90 sek.	60 sek.

Erläuterungen

Wie bereits erwähnt ist Frau Stern nach ihrer Trainingserfahrung als Geübte einzustufen. Demzufolge trainiert sie mit einer Intensität von 60-80 % des ILB-Testgewichts.

Da sie vor dieser Trainingsplanung in einem Wiederholungszahlenbereich zwischen 15 und 25 Wiederholungen trainiert hat, wird in diesem Makrozyklus mit einem Hypertrophiezyklus begonnen.

Die Häufigkeit des Krafttrainings ist mit 3 mal pro Woche angesetzt. Auch die übrigen Parameter richten sich nach dem ILB-Grobraster und sind dem Trainingsniveau einer Geübten angepasst.

Im Hinblick auf ihre Trainingsziele wird hierdurch ein Muskelwachstum erreicht, was zu einer Körperformung und einer Gewebestraffung führt.

Im darauf folgenden Zyklus wird ein Kraftausdauertraining durchgeführt, was die Ermüdungswiderstandsfähigkeit der Muskulatur steigert und die Kapillarisierung verbessert. Kraftausdauerzyklen befähigen die Muskulatur in erhöhtem Maße die anderen Zyklen zu bewältigen und bilden sozusagen die Infrastruktur in der Muskulatur für die Durchführung intensiver Krafttrainingsmethoden.

Durch den Wechsel der Methoden und der Variierung der Intensitäten wird das Training abwechslungsreich gestaltet und beansprucht in verschiedenen Maßen die Muskulatur und die übrigen Körpersysteme, um der Periodisierung und Zyklisierung gerecht zu werden.

Auf ein Maximalkrafttraining wird im 1. Makrozyklus noch verzichtet, kann jedoch im nächsten durchaus Beachtung finden, um auch die intramuskuläre Koordination zu fördern.

Anschließend wird ein Hypertrophiezyklus mit einer erhöhten Intensität durchgeführt, um erneut Anpassungen hinsichtlich der Körperformung zu erreichen.

Die ILB-Methode

Hintergrund:

Beim Krafttraining kommt eine Vielzahl verschiedener Krafttrainingsmethoden zum Einsatz.

Eine optimale Krafttrainingsmethode für den Fitness und Gesundheitssport ist jedoch nur dann gegeben, wenn sie folgende Kriterien erfüllt:

Möglichkeit zur Abgrenzung der Trainingsmethoden bezogen auf Ihren Trainingseffekt

Möglichkeit des Methodenwechsels

Kein Maximalkrafttest

Anwendbar im Gesundheits-, Fitness- und Leistungssport

Effektives Belastungsgefüge

Progression und Variation der Belastungsparameter

Optimales Verhältnis zwischen Zeitaufwand und Trainingseffekt

Dies begründet sich aufgrund folgender Gegebenheiten:

- Die Skelettmuskulatur reagiert auf verschiedene Trainingsreize mit verschiedenen
  Anpassungserscheinungen.

Ein Kraftausdauertraining erhöht u.a. die Ermüdungswiderstandsfähigkeit der Muskulatur
        und verbessert die Kapillarisierung.

Ein Hypertrophietraining fördert die Volumenzunahme der Muskulatur und
        verbessert die
        Gelenkstabilität.

-        Ein Maximalkrafttraining steigert die intramuskuläre Koordination und festigt die Knochen.

Um alle Effekte der Anpassungen zu gewährleisten, muss ein regelmäßiger Wechsel der Methoden angestrebt werden.

In jeder dieser Methoden müssen die Trainingsreize mit einer jeweilig bestimmten Intensität und Dauer auf den Muskel einwirken, um den gewünschten Anpassungsprozess auszulösen.

Die Bestimmung der Intensität als optimalen Trainingsreiz stellt hier den Kernpunkt dar.

Um ein Übertraining zu vermeiden und eine progressive Belastungssteigerung zu gewährleisten, soll man nicht mit maximalen Intensitäten trainieren, sondern die Intensität von Zeit zu Zeit steigern, um auch über einen längeren Zeitraum Trainingserfolge zu erarbeiten und zu sichern.

Die meisten Trainingsmethoden gehen bei der Festlegung der Trainingsintensität von der sogenannten 1-RM (1-Repetition-Maximum) aus.
Dies bedeutet, dass für jede Übung ein Gewicht getestet wird, mit dem der Kunde maximal eine Wiederholung schafft.

Ausgehend von dieser 1-RM, erfolgt die Festlegung der Intensitäten je nach gewünschtem Anpassungsprozess und Trainingsziel des Kunden.
Dieser Test ist jedoch aufgrund der hohen Belastung auf die Gelenke und Muskulatur, besonders im Fitness- und Gesundheitstraining, nicht zu empfehlen und kann sehr schädlich sein.
Folglich ist eine andere Möglichkeit notwendig, um die richtige Trainingsintensität zu bestimmen.

Dies ermöglicht die Individuelle-Leistungsbild-Methode.

ILB-Methode:
Bei der ILB- Methode wird auf einen 1-RM Test verzichtet und die optimale Trainingsintensität für den gewünschten Wiederholungszahlenbereich für jeden Kunden individuell je nach Trainingsniveau angepasst.

So wird bei einem Kraftausdauerzyklus im Bereich zwischen 15 und 30 Wiederholungen eine Wiederholungszahl festgelegt und durch bis zu drei Versuchssätze das Gewicht erarbeitet, mit dem der Kunde gerade so die vorgegebene Wiederholungszahl erreicht.

Entsprechend wird bei einem Hypertrophiezyklus eine Wiederholungszahl zwischen 8 und 15 Wiederholungen und bei einem Maximalkrafttest eine Wiederholungszahl zwischen 5 und 8 festgelegt sowie das Gewicht hierzu erarbeitet.

Die Wiederholungszahlen entsprechen dem Trainingsziel und der dazu benötigten TUT.

Je nach Trainingsniveau bzw. Leistungsstufe wird nun mit einem prozentualen Anteil dieses erarbeiteten Gewichts trainiert (Siehe hierzu Tabelle 4).

Gemäß den Prinzipien der Trainingslehre und der Trainingssteuerung wird das Training nach der ILB Methode mehrere Monate im Voraus geplant.

Als Makrozyklus wird im konkreten Fall ein Zeitraum von 6 Monaten festgelegt.

Dieser besteht hier aus 4 Mesozyklen von je 6 Wochen Dauer.

Ein Mesozyklus besteht dementsprechend aus 6 Mikrozyklen von je einer Woche Dauer.

Um der progressiven Belastungssteigerung gerecht zu werden, wird das Gewicht von Woche zu Woche erhöht.

Vor jedem Mesozyklus wird erneut ein ILB-Test durchgeführt, um dem Kraftwachstum gerecht zu werden und die optimalen Trainingsgewichte zu erarbeiten.

Mesozyklus

Im folgenden Abschnitt wird der Mesozyklus I Hypertrophie des vorangegangenen Makrozyklus dargestellt.

Um diesen zu erstellen ist zunächst ein ILB-Test notwendig, um die jeweiligen Gewichte für die einzelnen Übungen in Bezug auf die gewünschten Anpassungserscheinungen zu erarbeiten.

Der ILB-Test wird bereits im Hinblick auf diesen Mesozyklus im Rahmen des Krafttests durchgeführt und in Tabelle 5 dargestellt.

Dieser wird hierfür herangezogen.

Aufgrund der Gewichtsabstufungen der einzelnen Trainingsgeräte lassen sich die Prozentangaben nicht immer direkt auf die Trainingsgeräte übertragen.

Hier erfolgte bereits in dem Mesozyklusplan eine Modifizierung der Gewichtsangaben, die den Abstufungen der Geräte sowie einer möglichen individuellen Einstellung mittels Zusatzgewichten an den speziellen Geräten Rechnung trägt.

Trainingsplan

Mesozyklus I Hypertrophie

Aufwärmen: 15 Minuten Fahrrad

Trainingsgerät	ILB - Test	W h.	Sätze	Pause	1. Woche 60%	2. Woche 64%	3.Woche 68%	4. Woche 72%	5. Woche 76%	6. Woche 80%
Beinpresse	50 kg	12	2	90 sek.	30 kg	32 kg	34 kg	36 kg	38 kg	40kg
Abduktorenmaschine	40 kg	12	2	90 sek.	25 kg	27 kg	29 kg	30kg	32 kg	34 kg
Adduktorenmaschine	55 kg	12	2	90 sek.	32 kg	34 kg	36 kg	38kg	40 kg	42 kg
Hüftpendelmaschine Hüftstrecker	30 kg	12	2	90 sek.	18 kg	19 kg	20 kg	21,5 kg	23 kg	24 kg
Brustpresse	20 kg	12	2	90 sek.	12 kg	13 kg	13.5 kg	15 kg	16 kg	16 kg
Kabelzug vertikal zur Brust	45 kg	12	2	90 sek.	25 kg	27 kg	29,5 kg	31,5 kg	33 kg	35 kg
Rückenstrecker	45 kg	12	2	90 sek.	26 kg	28 kg	30,5 kg	32,5 kg	34 kg	36 kg
Bauchmaschine	55 kg	12	2	90 sek.	31 kg	33kg	35,5	37,5 kg	40 kg	42 kg

Abwärmen : 20 min

Dehnen: 10 min

Das Aufwärmen

Vor jeder Krafttrainingseinheit sollte ein Aufwärmen erfolgen.

Das Aufwärmen beinhaltet alle Tätigkeiten, die zur Herstellung einer optimalen körperlichen und geistigen Verfassung vor einem Training dienen.

Die Ziele des Aufwärmens sind insbesondere:

-	eine Erhöhung der Körperkerntemperatur, um die Geschwindigkeit der biochemischen Stoffwechselprozesse zu erhöhen, die Durchblutung der betroffenen Muskulatur zu fördern und eine höhere Nervenleitgeschwindigkeit zu erreichen.

-	eine Mobilisation des Herzkreislaufsystems, um eine beschleunigte Zirkulierung des Blutes und somit eine optimale Versorgung der beanspruchten Muskulatur mit Sauerstoff und Nährstoffen zu gewährleisten.

-	Verletzungsprophylaxe durch Verbesserung der Kontraktionsfähigkeit der Muskulatur und einer gesteigerten Versorgung der hyalinen Gelenkknorpel durch eine vermehrte Produktion von Gelenkflüssigkeit.

-	Psychische Einstimmung auf die folgende Belastung

Das Aufwärmen wird in ein allgemeines und ein spezielles Aufwärmen unterschieden.

Das zuerst durchzuführende allgemeine Aufwärmen beinhaltet den Einsatz großer Muskelgruppen und sollte bei einer Herzfrequenz von etwa 160 Schlägen/ Minute minus Lebensalter erfolgen.

Hierzu eignet sich vor allem Radfahren oder ein lockerer Lauf bzw. Walking.

Die Intensität des Aufwärmens sollte immer dem Trainingsstand des Kunden angepasst werden und darf nicht zu einer vorzeitigen Ermüdung führen.

Im Anschluss daran erfolgt das spezielle Aufwärmen.

Hier werden die Gelenk- und Muskelstrukturen, die bei der folgenden Belastung benötigt werden, aktiviert und stimuliert.

Dies kann beim Krafttraining durch Aufwärmsätze mit niedriger Intensität von 50 – 80 % des Trainingsgewichtes erfolgen und progressiv gesteigert werden.

Dadurch erzielt man auch eine gesteigerte Koordination bei komplexen Krafttrainingsübungen.

Auch hier sollte eine vorzeitige Laktatbildung durch zu viele Wiederholungen oder zu hohe Intensität unbedingt vermieden werden.

Im Rahmen des Aufwärmens sollte auf ein Dehnen verzichtet werden, um den erhöhten Muskeltonus beizubehalten.

Begründungen für den Mesozyklusplan

In Bezug auf die Trainingsziele der Kundin wurden die Übungen mit Schwerpunkt auf die unteren Extremitäten sowie die Rumpfmuskulatur ausgewählt, wobei jedoch auch der Schultergürtel seine Beachtung findet, um eine ausgewogenes Ganzkörpertraining zu gewährleisten.

Aufgrund der verkürzten Hüftbeugemuskulatur wird auf Übungen, die diese speziell trainieren verzichtet. Aus dem gleichen Grund wird eine isolierte Übung der Kniestreckmuskulatur ausgelassen.

Zu beachten ist stets die Übungsausführung über die gesamte Bewegungsamplitude.

Zur Stärkung der Beinstreck- und Beinbeugemuskulatur wird die komplexe Übung Beinpresse ausgewählt, da diese sich durch die relativ einfache Durchführung bereits für Anfänger eignet.

Darüber hinaus wird auch die Pomuskulatur beansprucht.

Im Anschluss folgt je eine Übung für die Abduktoren- und die Adduktorenmuskulatur.

Um einen Schwerpunkt auf die Gesäß- und Hüftstreckmuskulatur zu setzen wird zusätzlich eine spezielle Übung hierfür in Form der Hüftpendelmaschine ausgewählt, wobei zu beachten ist, dass das Bein nicht seitlich, sondern nach hinten geführt wird. Die Kundin steht hierzu nicht frontal sondern seitlich zu dem Gerät.

Um die Rumpfmuskulatur zu stärken, was insbesondere bei Personen wichtig ist, die viel im Sitzen arbeiten, wird eine Übung für die Bauch- und eine Übung für die Rückenstreckmuskulatur ausgewählt.

Für den Schultergürtel wird eine komplexe Übung für die Brust- und eine komplexe Übung für die Rückenmuskulatur ausgewählt, die auch den Trizeps bzw. Bizeps als Synergisten mittrainieren.
Auch wenn die Übung „Zug vertikal zum Nacken" für Anfänger dadurch besser geeignet erscheint, dass die Sitzposition sehr stabil mit fixiertem Oberkörper ist, wird auf Kundenwunsch die Übung mit Zug zur Brust ausgeführt.

Das Abwärmen

Das Abwärmen dient hauptsächlich der Regulierung der erhöhten Kreislauffunktionen, der Senkung des erhöhten Muskeltonus, der Verkürzung der Regenerationszeiten und schließlich dazu Verletzungen und Verschleißerscheinungen vorzubeugen.

Das Abwärmen gliedert sich in dieser Reihenfolge in eine regenerative Herz-Kreislauf-Belastung, wie z.B. „Ausradeln" oder „Auslaufen", bei einer Herzfrequenz von 160 Schlägen pro Minute abzüglich Lebensalter, Dehnen und weiterführende Maßnahmen der Regenration, wie beispielsweise Sauna, Massage und/oder ein heißes Wannenbad.

Die Dauer des „Ausradelns" sollte ca. 10 bis 15 Minuten betragen.

Das Dehnen soll ebenfalls wie das Krafttraining selbst in 2-3 Sätzen pro Muskelgruppe erfolgen, wobei die einzelnen Dehnübungen ca. 45 Sekunden gehalten werden.

Für die Kundin kommen primär passiv statische Übungen in Betracht, um ihrem Leistungsniveau gerecht zu werden.
Das Dehnen im Rahmen des Abwärmprogramms dient nicht nur der Beschleunigung der Regeneration sondern außerdem dem Erhalt und der Verbesserung der Beweglichkeit.

Ergebnisse

Die Ergebnisse lassen sich wie folgt darstellen:

Das Gewicht der Kundin ist von 49 kg auf 47 kg gesunken, der BMI liegt somit bei 18,83 und befindet sich noch immer im unteren Normbereich.

Der Körperfettanteil ist von 23% auf 21,5 % gesunken und entwickelt sich somit in Richtung des unteren angestrebten Normbereichs.

Ein erneuter Beweglichkeitstest hat ergeben, dass nahezu alle muskulären Verkürzungen auf ein Minimum reduziert wurden und sich an das Standardniveau angeglichen haben.

Ein Krafttest, im Sinne eines ILB-Tests, unter den gleichen Bedingungen wie beim Eingangstest wurde vorerst noch nicht durchgeführt, da sich im folgenden Mesozyklus die gewählten Wiederholungszahlen im Hypertrophiebereich ändern und so erst einmal in einem andren Bereich getestet wird.

Dieser würde sich somit erst nach Abschluss des gesamten Makrozyklus anbieten.

Zusammenfassend lässt sich aber bereits aussagen, dass sich die Kundin gemäß ihrer Ziele in allen Bereichen verbessert hat, was ihrer hohen Trainingsmotivation und dem Trainingsplan zugeschrieben wird.

Für die weitere Trainingssteuerung heißt dies also als Konsequenz, dass die Trainingsplanung und Durchführung bereits auf einem angemessenen Niveau durchgeführt wurden und vorerst keine größeren Veränderungen am Training erfolgen müssen.

Sollten in Zukunft die Trainingserfolge kleiner werden, so könnte man die Trainingshäufigkeit, den Umfang oder aber auch die Intensität steigern, um weiterhin gute Erfolge zu sichern.

Die Tabellen wurden mit Hilfe des Lehrbriefs erstellt.